AF358264

EXEMPLAIRE DE DHIOS

Vente du Mardi 17 Décembre 1872.

FAÏENCES ANCIENNES

PORCELAINES

BRONZES, MEUBLES

OBJETS D'ART ET DE CURIOSITÉ

EXPOSITION PUBLIQUE : Le Lundi 16 Décembre 1872

SALLE N° 9.

Me CHARLES PILLET,	MM. DHIOS et GEORGE,
COMMISSAIRE-PRISEUR	EXPERTS
10, rue de la Grange-Batelière.	rue Lepeletier, 33.

CATALOGUE

DE

FAÏENCES ANCIENNES

DE

ROUEN

MOUSTIERS, MARSEILLE, STRASBOURG, LUNÉVILLE, ETC.,

PORCELAINES

de Sèvres, de Saxe, d'Allemagne, de Chine, etc.,

BRONZES LOUIS XVI

Meubles, Ivoires et bois sculptés, Terres-Cuites,

CURIOSITÉS DIVERSES

DONT LA VENTE AUX ENCHÈRES PUBLIQUES AURA LIEU

HOTEL DROUOT, SALLE Nº 9,

Le Mardi 17 Décembre 1872

A DEUX HEURES.

***

Par le Ministère de Mᵉ CHARLES PILLET, Commissaire-Priseur,
10, rue de la Grange-Batelière;

Assisté de MM. DHIOS et GEORGE, Experts, 33, rue Lepeletier.
Chez lesquels se trouve le présent Catalogue.

***

EXPOSITION PUBLIQUE:

Le Lundi 16 Décembre 1872, de une heure à cinq heures.

D 5412

CONDITIONS DE LA VENTE

Elle sera faite au comptant.

Les adjudicataires payeront *cinq pour cent* en sus des enchères.

L'exposition mettant le public à même de se rendre compte de l'état des objets, il ne sera admis aucune réclamation une fois l'adjudication prononcée.

Paris. — Imp. PILLET fils aîné, rue des Grands-Augustins, 5.

DÉSIGNATION

FAIENCES

de Rouen, Marseille, Moustiers, Lunéville, Strasbourg, etc.

1 — ROUEN. — Plat octogone allongé à anses détachées, décor polychrome à personnages chinois.

2 — Plat de même forme, décor bleu et rouge, à corbeille de fleurs et bordure d'ornements.

3 — Plat ovale à bord contourné et anses formées de dauphins. Il est décoré d'une figure d'amour, d'ornements rocaille, animaux, fruits et ornements.

4 — Plat de même forme, décor polychrome à personnages chinois.

5 — Plat ovale à anses détachées, décoré d'un trophée de carquois et d'une bordure à ornements rocaille.

6 — Grand plat rond, décor bleu à rosace, rang de perles et bordure à ornements.

7 — Grand plat à bord contourné.

8 — Deux cruchons à anses en faïence de Rouen.

9 — Deux jardinières et un bassin en faïence de Rouen.

10 — Soupière ronde avec couvercle en faïence de Rouen, décor à la corne.

11 — Trois plats à bords contournés en faïence de Rouen, décor à la corne.

12 — Deux petites consoles en camaïeu bleu.

13 — Trente assiettes en ancienne faïence française, de décors variés, quelques-unes très-curieuses par des inscriptions patriotiques. Seront divisées.

14 — Plat rond en faïence de Strasbourg, décoré de fleurs.

15 — Deux plateaux à anses détachées en faïence de Strasbourg.

16 — Deux Christ en croix avec leurs socles, en faïence de Picardie.

17 — Deux bustes en faïence de Lunéville et une statuette
de Vierge.

18 — Buste de Minerve.

19 — Gourde en ancienne faïence française, décorée d'un
saint Nicolas et d'un médaillon à armoirie.

20 — Console d'applique à ornements rocaille.

21 — Deux grands plats ronds à blasons, et un moins
grand à décor bleu, en faïence hollandaise.

22 — Deux plats ronds en terre émaillée, décor à armoirie.

23 — Deux pièces Moustiers, un plateau à piédouche, décor
genre Bérain et un plateau à armoirie.

24 — Deux cornets et une potiche en faïence de Delft.

25 — Trois plateaux en faïence d'Allemagne décorés de
figures et d'animaux.

26 — Cinq plats ronds et ovales de Moustiers et Marseille.
Seront divisés.

27 — Dix-sept assiettes et plateaux en faïence de Moustiers, variés de décor.

28 — Petite coupe vide-poche en faïence de Moustiers, à piédouche rustique.

29 — Deux cruchons, Marseille et Strasbourg.

— 30 — Une saucière et trois beurriers, forme de fruits et tortue, en ancienne faïence française.

31 — Grande chocolatière en faïence, à ornements rocaille en relief et bouquets de fleurs. Pièce d'une jolie forme, époque Louis XV.

32 — Paire de flambeaux en terre de Lorraine, modèle à colonne avec chapiteau.

— 33 — Un bénitier en faïence italienne, forme monumentale.

34 — Bassin ovale en ancienne faïence française ornée de mascarons à coquillage et fleurs en relief.

35 — Grand couvercle formant jardinière, en faïence de Moustiers, décor à fleurs.

36 — Deux soupières à couvercles, en faïence de Moustiers.

37 — Six plats ovales, ronds et octogones, en faïence de Moustiers. Ce lot sera divisé.

38 — Une coupe à piédouche et un pot à goulot à trèfle, en faïence d'Urbino.

39 — Deux bouteilles en faïence de Delft et une gourde en Japon, décor en camaïeu bleu.

40 — Huit assiettes en faïence de Marseille, décor à fleurs, bords contournés.

41 — Huit pièces en faïence de Rouen, de Delft, etc., console, sucrier, moutardier.

42 — Deux seaux en faïence de Rouen, dite à la corne.

PORCELAINES

de Sèvres, de Saxe, de Chine, etc

43 — Tasse, modèle cul-de-poule, en porcelaine de Sèvres, pâte tendre, décorée de médaillons d'oiseaux, roses et festons dorés sur fond gros bleu.

44 — Deux tasses, forme cylindrique, en porcelaine de Sèvres, pâte tendre, l'une à décor chinois, l'autre oruée de jetées de roses.

45 — Trois plateaux et deux tasses avec leurs soucoupes en porcelaine de Sèvres.

46 — Trois pots à lait et deux pots à crème en porcelaine de Sèvres.

47 — Tasse trembleuse en porcelaine de Saxe, décor à personnages, costumes Louis XVI.

48 — Figurine en Saxe. Dame à sa toilette.

49 — Console d'applique à feuillage et figures d'enfants, en porcelaine de Saxe.

50 — Corbeille à fruits à piédouche, décorée d'une guirlande de fleurs en relief, en porcelaine de Saxe.

51 — Treize tasses à café avec leurs soucoupes et une théière en ancienne porcelaine de Saxe, décor à fleurs et oiseaux.

52 — Neuf tasses à thé avec leurs soucoupes en porcelaine de Saxe et d'Allemagne, décors variés.

53 — Un lustre en porcelaine de Saxe moderne.

54 — Six pièces : cafetière, théière, pot à crème, sucrier, bol et pied de veilleuse en porcelaine de Saxe décorée de fleurs en relief.

55 — Douze assiettes en porcelaine de Saxe, décor à fleurs, bordures gaufrées.

56 — Douze autres, décorées de jetées de fleurs et papillons, bordures gaufrées.

57 — Six autres plus petites.

58 — Une théière en porcelaine d'Allemagne, décorée de figures d'enfants, anse en bronze ciselé et doré.

59 — Douze assiettes, porcelaine d'Allemagne décorée de fleurs.

60 — Quatre manches de couteaux en porcelaine de Saxe.

61 — Dix pièces porcelaine Chine, etc.

62 — Bassin en porcelaine du Japon.

63 — Un bol et un vase en porcelaine de Chine moderne.

64 — Deux petits vases en porcelaine, forme ovoïde, décorés de doubles médaillons, genre Boucher sur fond bleu turquoise. Monture bronze doré.

65 — Un pot et sa cuvette, en porcelaine décorée de figures mythologiques.

66 — Trois plats Chine et Japon.

67 — Plaque ronde à armoirie en porcelaine de Chine.

68 — Une jardinière en Japon, décor bleu, rouge et or.

69 — Deux soupières en Japon moderne et imitation.

70 — Dix pièces porcelaine et faïence : théières, écuelles, buires, figurines et flambeaux.

71 — Plat à bord contourné, décoré de fleurs en camaïeu bleu.

72 — Deux grands plats en porcelaine Barbot.

73 — Douze assiettes et plats en porcelaine de Chine et du Japon.

BRONZES, MEUBLES
curiosités diverses

74 — Petits chenets en bronze ciselé et doré du temps de Louis XVI, modèle à flammes et guirlandes de fleurs.

75 — Petite table à pieds tors en bois sculpté.

76 — Deux miroirs d'applique à quatre lumières en bois sculpté et doré.

77 — Grande coupe, forme de feuillage, en pierre de lard sur socle en bois de fer sculpté.

78 — Petit meuble étagère en bois laqué rouge et ornements dorés.

79 — Baromètre Louis XVI en bois doré.

80 — Glace ovale avec encadrement à fronton en bois sculpté et doré.

81 — Petit lustre flamand.

82 — Deux paires d'applique à deux lumières, époque Louis XVI.

83 — Deux bras d'applique bronze doré et cristaux.

84 — TERRE CUITE. — Buste de jeune femme en costume du XVIe siècle.

85 — Petite pendule à colonnes en porcelaine, décorée de plaques genre Watteau, monture en bronze doré.

86 — Petite pendule Louis XVI avec colonnettes à balustre en bronze et marbre blanc.

87 — Groupe en bronze, trois figures de jeunes femmes supportant une vasque.

88 — TERRE CUITE. — Deux médaillons en haut-relief.

89 — IVOIRES SCULPTÉS. — Seize pièces ivoire et bois sculpté ; christs, figurines, manches de couteaux, bustes, poires à poudre, etc. — Ce lot sera divisé.

90 — MINIATURES. — Sept petites peintures et mosaïques sous ce numéro.

91 — Bronzes, fers et menus objets en argent, environ trente pièces ; étrier, statuettes, figurines, croix, agrafes, bague, cachets, etc.

92 — L'enfant à l'oiseau, figurine en marbre.

93 — Buste de philosophe en albâtre.

94 — Vase cylindrique en onyx, monture à piédouche en bronze artistique.

95 — Petit coffret Louis XIV en fer gravé avec incrustations.

96 — Petit bas-relief, portrait, en terre de Lorraine.

97 — Deux salières, un moutardier et neuf étiquettes à vin en émail de Saxe.

98 — Deux carafes en verre de Bohême gravé.

99 — Les objets omis au catalogue.

www.ingramcontent.com/pod-product-compliance
Lightning Source LLC
LaVergne TN
LVHW021923180726
843502LV00008B/3222